SEO Crashkurs

55 Powertipps für gute Suchmaschinenoptimierung und mehr Besucher über Google und Co.

Von Andreas Wieding

Haftungsausschluss:

Alle Inhalte dieses Buches wurden sorgfältig und bestens Gewissens recherchiert und zusammengetragen. Sie spiegeln die persönliche Meinung und Erfahrung des Autors wieder. Der Autor übernimmt daher keine juristische Verantwortung oder Haftung für Schäden, die durch eventuelle Fehler oder nicht kompatible Lebensumstände entstehen und erhebt keinen Anspruch auf juristische Korrektheit, sowie inhaltliche Vollständigkeit. Dieses Buch enthält Links zu externen Webseiten Dritter, auf deren Inhalte der Autor keinen Einfluss hat. Deshalb kann er für diese fremden Inhalte auch keine Gewähr übernehmen. Für die Inhalte der verlinkten Seiten ist stets der jeweilige Anbieter oder Betreiber der Seiten verantwortlich.

SEO Crashkurs – 55 Powertipps für guten Suchmaschinenoptimierung und mehr Besucher über Google und Co.

Von Andreas Wieding

1.Auflage 2016

Herausgegeben von Yannick Twickler

Im Gillesbachtal 20, 52066 Aachen

yannick.tw@web.de

ISBN-13: 978-1533382474

ISBN-10: 1533382476

Inhaltsverzeichnis

Einleitung

Das Thema Suchmaschinenoptimierung (SEO) ist heute in aller Munde und das sicher auch aus guten Grund. 99 von 100 Webseitenaufrufen **starten mit einer Suchanfrage** in einer Suchmaschine – und in 95% der Fälle ist das Google. Wer Besucher auf die eigene Seite ziehen möchte, für den gibt es im Grunde zwei Möglichkeiten. Entweder bucht man bezahlte Werbung und zahlt somit für jeden Besucher, der auf der eigenen Seite eintrudelt, oder **man setzt auf kostenlosen Traffic.** Das Potenzial an kostenlosem Traffic (Besucherströme) über Suchmaschinen, im spezielle Google, ist unwahrscheinlich groß und wer seinen Teil dort abgreifen möchte, der muss eben **organisch ranken** – das bedeutet mit seiner Seite in den Suchergebnissen erscheinen, die nicht zu den bezahlten Anzeigen gehören.

Das Thema SEO lässt sich grob in zwei Bereiche unterteilen. Der erste Bereich ist die sogenannte **On-Page-Optimierung**, bei welcher, wie es der Name erahnen lässt, die einzelnen Optimierungsschritte **AUF der Website** vorgenommen werden. Der Bereich On-Page ist auch der deutlich umfangreichere von beiden und hält eine ganze Menge Faktoren bereit, die eigene Seite für die Anforderungen von Google zu optimieren. Der zweite Bereich, den es für ein gutes Ranking bei Google und Co. zu beachten gilt, ist die **Off-Page-Optimierung.** Die Off-Page-Optimierung stellt Maßnahmen dar, welche **AUßERHALB der eigenen Website** ergriffen werden müssen. Dazu gibt es zwar weniger einzelne, verschiedene Faktoren umzusetzen, dennoch ist aber der größte Faktor, der Backlinkaufbau, auch der Wichtigste und die korrekte Umsetzung bei der Optimierung auf diesem Gebiet bedarf des entsprechenden Wissens und einer guten Planung.

Der Algorithmus, nach dem Google das Ranking einer Website berechnet, ist leider, aber natürlich auch verständlicherweise, ein Geheimnis. Aussagen von Google selbst zufolge, werden aber mehr als 200 verschiedene Faktoren in die Berechnung eines Rankings, in unterschiedlichster Gewichtung einbezogen. Um hohe Rankins in den SERPs von Google erreichen zu können, muss eine Website, einfach gesagt, **gewisse Qualitätsmerkmale erfüllen.** Die Qualität einer Website in den Augen Googles kann mit der Umsetzung vieler unterschiedlicher Faktoren erreicht werden und **genau diese Faktoren** werde ich dir in diesem Buch zeigen.

Wenn du nur ein paar in diesem Buch vorgestellten Rankingfaktoren konsequent auf und für deine Website umsetzt, wirst du mit Sicherheit bald einen enormen Anstieg deiner Rankings und damit auch die Zahl der Besucher auf deiner Seite verzeichnen können. Beachte dabei aber bitte auch, dass Suchmaschinenoptimierung ein Prozess ist und Arbeit, Kontrolle und Zeit erfordert. Die nötige **Konsequenz und Geduld** bei der Optimierung der eigenen Seite aufzubringen wird sich aber lohnen und die aktive Arbeit dabei immer weniger werden. Lass dich also nicht entmutigen, wenn die Top-Position zu dem einen oder anderen Keyword länger auf sich warten lässt, sondern bleibe dran und zeige Google, dass du mit deiner Website kein „One-Hit-Wonder“ bist.

Beginnen werden wir im Rahmen diese Buchs mit der On-Page-Optimierung, um Inhalte, Technik und Keyword-Optimierung deiner Website auf das nötige Level zu bringen. Im zweiten Teil lernst du die Möglichkeiten kennen, deine Website Off-Page zu optimieren, wobei es im Wesentlichen um den Aufbau von Backlinks geht. Du wirst lernen wie der Aufbau von Backlinks aussehen sollte und Quellen kennenlernen, bei denen du schnell die ersten Links bekommen wirst. Der dritte und letzte Teil des Buches hält einige *allgemeine SEO-Tipp*s bereit, kapitale Fehler die man niemals begehen sollte, sowie vermeintliche Kleinigkeiten, welche bei der Suchmaschinenoptimierung jedoch große Wirkung haben können.

Nun wünsche ich dir viel Spaß beim Lesen und vor Allem gutes Gelingen beim Umsetzen!

On-Page-Optimierung

Eine Seite, ein Keyword

Viele Webmaster machen die Fehler, ihre Seiten auf mehrere verschiedene Keywords optimieren zu wollen. Das ist für die Suchmaschinenoptimierung wirklich keine gute Idee, da Google spezialisierte Inhalte bevorzugt, und wenn ein Text mit vielen unterschiedlichen (ich spreche hier nicht von Synonymen) Keywords gespickt ist, sinkt die Keyword-Dichte für jedes einzelne und der Inhalt erscheint am Ende für keines der verwendeten Wörter als besonders relevant für Google. Daher solltest du **eine Seite immer nur für ein Keyword optimieren**, denn nur so hast du eine Chance für genau dieses Schlüsselwort von Google prominent gerankt zu werden. Wenn du auch für ein weiteres Keyword bei Google auftauchen möchtest, dann lege dafür einfach **eine neue Unterseite** an und verfasse hochwertigen Inhalt **nur** zu diesem einen Keyword.

Klartext-URLs verwenden

Klartext-URLs sind ein sehr wichtiges SEO-Element, welches dennoch erschreckender Weise auf einigen Seiten nicht beachtet wird. Eine URL besteht aus der Domain *www.meineseiten.de* und einem sogenannten Permalink, der an die Domain angehängt wird. Permalink und Domain werden hierbei mit einem Schrägstrich getrennt */name-der-unterseite*. Eine komplette URL sieht dann so aus: *www.meineseite.de/name-der-unterseite*. Wenn du deine Seite aufbaust bekommt jede Unterseite einen eigenen Permalink. Über diesen Link ist die Unterseiten permanent erreichbar, die Verlinkung ist also nicht dynamisch. In den Standardeinstellungen vieler Content Management Systeme bestehen solche Permalinks allerdings aus internen kryptischen Kombinationen aus Buchstaben, Zahlen und Satzzeichen (www.meineseite.de/id=p123?) Solche URLS sind denkbar ungeeignet für eine gute Suchmaschinenoptimierung. Um das zu ändern musst du **deine Permalinks auf Klartext umstellen**, was es dir erlaubt für jede Unterseite eine beschreibenden Permalink festzulegen wie zB. das Thema der Unterseite (www.meineseite.de/rosen-pflanzen-anleitung).

Mi einem solche Link können die Suchmaschinen die Unterseite schon **anhand der URL thematisch einordnen** und keyword-technisch auswerten, was große Sprünge in den Suchergebnissen bedeuten kann. Außerdem kann auch der Besucher deiner Seite sofort erkennen was ihn auf der Seite hinter dem Link www.meineseite.de/rosen-pflanzen-anleitung erwartet. Das führt zu weniger unnützen Klicks auf deine Seite aber viel wichtiger hast du die Möglichkeit, durch den Einsatz eines relevanten Permalinks das Interesse des Users zu wecken und ihn dazu zu bringen deine Seite zu besuchen.

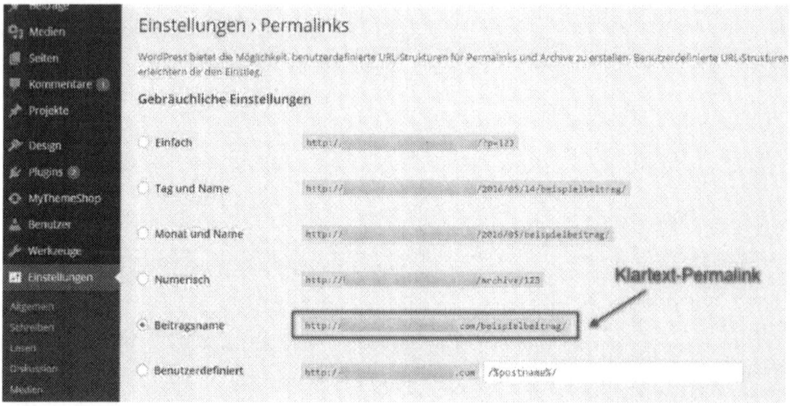

Keywords im Dateinamen von Bildern

Kostenlose Besucherströme bekommen wir natürlich aus den organischen Suchergebnissen bei Google. Aber Google und auch andere Suchmaschinen haben auch eine Bildersuche, welche sehr oft von den Usern bemüht wird. Wenn du also Bilder zu deinen Produkten oder auch Beitragsthemen auf deine Website hochlädst, solltest du nicht vergessen **deine Keywords auch in den Dateinamen der Bilder** einzubauen. Durch Bilder erreicht man die Aufmerksamkeit vieler Menschen oft schneller und um in der Bildersuche weit vorne aufzutauchen müssen deine Bilder eben auch mit den wichtigsten Keywords optimiert werden. Die allermeisten Webseitenbetreiber vergessen das und das ist deine Chance durch die Umsetzung dieses Punktes einen entscheidenden Schritt voraus zu sein.

Vorsicht mit Keyword Stuffing

Die Verwendung der Keywords zum Zwecke der Suchmaschinenoptimierung ist natürlich unumgänglich. Doch auch hier gibt es Grenzen. Das Keyword Stuffing beschreibt eine Vorgehensweise, die Inhalte einer Website dermaßen mit Keywords vollzustopfen, dass ein normaler Lesefluss schon kaum mehr möglich ist. Diese penetrante Art seine Texte zu „optimieren" – wenn man das dann überhaupt noch so nennen kann **– lässt Google** natürlich schon lange **nicht mehr durchgehen.** Webseiten werden am Ende für Menschen geschrieben und nicht für Suchroboter, und das sieht auch Google so, denn das Interesse ist es, dem

Suchenden das best mögliche Suchergebnis anzubieten. Wenn in einem Text dann so viele Keywords verwendet werden, dass es wirklich schwer ist dem inhaltlichen Sinn zu folgen, dann merkt Google das und wird diese Seite einfach abstrafen. Das erklärte Ziel von Google ist es, dem Suchenden zu seiner Suchanfrage das am besten zutreffende Ergebnis zu liefern und dabei lässt sich Google nicht für dumm verkaufen. **Übertreibe es also auf keinen Fall mit dem Einsatz deiner Keywords**, sondern schreibe in allererster Linie gute Inhalte für deine Leser. Erst danach sollten Optimierungen, im Rahmen einer gültigen Keyword-Nutzung, vorgenommen werden.

Vergebe einzigartige Titel für jede Seite

Vergebe unbedingt für jede Seite einen einzigartigen Title. Dieser ist sehr wichtig für Google und ist natürlich das erste, was der User liest, wenn er in den SERPs auf ein Suchergebnis stößt. **Im Title sollte deshalb auf jeden Fall dein Keyword vorkommen** und das **möglichst weit vorne.** Vergibt man keinen einzigartigen Title für seine Seiten, wird einfach automatisch einer generiert, dieser ist jedoch eben oft nicht optimal ist und kann seltsam klingen, weil er aus dem Zusammenhang gerissen ist. Hier solltest du also selbst Hand anlegen und den Meta-Title keyword-optimiert für jede einzelne Unterseite vergeben. Diese Maßnahme hat direkten Einfluss auf die Wertung deiner Seite im Suchalgorithmus und auf die Klickrate auf deinen Link in den Suchergebnissen bei Google und Co.

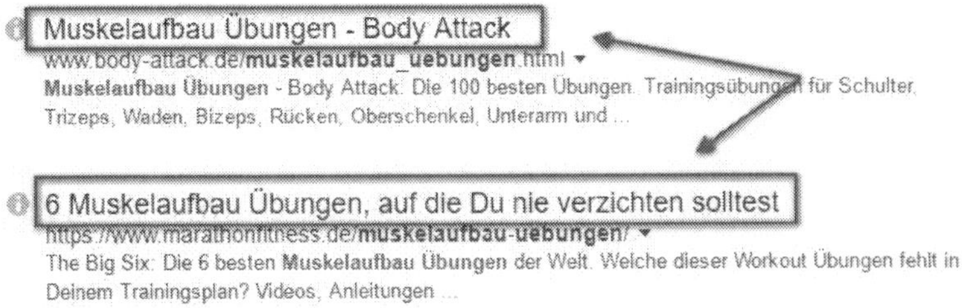

Textlänge

Beim Erstellen von guten Inhalten für deine Website kommt es neben Qualität tatsächlich auch auf Quantität an. Damit du überhaupt die Chance hast mit deinen Inhalten von Google als relevant für gute Positionen erachtet zu werden, müssen deine Texte schon **eine gewisse Länge** haben. Grob spricht man hier von mindestens 300 Wörtern, diesen Wert würde ich jedoch als die untere Grenze ansetzen. Versuche also bei jedem Beitrag, den du schreibst, **gut 400 – 500 Wörter zu erreichen,** um den Suchrobotern genug Futter zu geben deine Seiten vernünftig einzuordnen. Artikel, die noch länger sind, sprich 1000-1500 Wörter lang, erreichen nachweislich immer noch die besten Rankings. Nimm dir also die Zeit und die Muße deine Inhalte ausführlich genug zu formulieren, damit erstens dein Leser eine ausreichende Menge an Content präsentiert bekommt und damit auch Google die Qualität deiner Seite höher einschätzt.

Bestimme das Hauptkeyword

Eine der ersten Dinge die du tun musst, um überhaupt erfolgreich im

Online Marketing, speziell im Bereich SEO zu werden, ist das Festlegen deines Hauptkeywords. Erst wenn du dein Hauptkeyword kennst, kannst du deine Webseite auch auf dieses optimieren. Dein **Hauptkeyword muss ausreichend oft im Text der Seite auftauchen**, damit Google das Thema deiner Seite korrekt einschätzen kann und die Inhalte als relevant erachtet. Wenn es in dein Businesskonzept passt, kannst du das Main-Keyword auch noch direkt im Namen deiner Domain einsetzen. Auch wenn der Vorteil dadurch immer kleiner zu werden scheint, sieht es doch so aus, dass sogenannte **„Keyword-Domains"** von Google und Co. immer noch einen kleinen Vertrauensbonus genießen, selbst wenn sie noch recht jung sind.

Bestimme weitere Keywords zu deinem Thema

Das Hauptkeyword deiner Seite zu bestimmten ist das A und O der Suchmaschinenoptimierung. Dieses Hauptkeyword hat in der Regel das größte Suchvolumen und an dieses möchten wir durch eine gute Positionierung herankommen. Doch wo am meisten zu holen ist, ist man meisten auch nicht alleine. Versteife dich also bitte nicht nur darauf über dieses eine Keyword deinen Traffic zu beziehen, sondern recherchiere **weitere „kleinere" Keywords** zum Thema deiner Website. Keywords, die aus mehr als einem Wort bestehen, aus zwei, drei oder noch mehr Wörtern nennt man Keyword-Phrasen oder **Longtail-Keywords.** Solche Keywords haben sicherlich ein deutlich geringeres Suchvolumen als dein Hauptkeyword, aber ebenso auch viel weniger Konkurrenz in den SERPs von Google. Wenn du also einzelne Beiträge schreibst und diese immer **auf eines dieser Longtail-Keywords optimierst**, wirst du schnell gute Positionen dazu erreichen und Traffic abgreifen. Je mehr Inhalte du zu solchen Phrasen erstellst, desto mehr Chancen schaffst du dir, unabhängig von deinem vielleicht hart umkämpften Hauptkeyword, zielgerichtet Besucher auf deine Seite zu ziehen. Hier arbeitet man frei nach dem Motto „Kleinvieh macht auch Mist“. 10 Artikel zu Keywords mit einem Suchvolumen von 200, sind eben im Idealfall auch 2000 Besucher auf deiner Seite.

Variiere dein Keyword

Bei der Keyword-Optimierung deiner Inhalte solltest du natürlich, wie erwähnt, dein Hauptkeyword verwenden und mehrfach einsetzen. Es ist aber nicht zwingend notwendig, dass du deine Texte ausschließlich mit speziell EINEM Wort oder EINER Phrase vollstopfen musst, um für diesen Begriff bei Google zu ranken. Ganz im Gegenteil kann es sogar negative Folgen haben, wenn man es in dieser Hinsicht übertreibt mit der Verwendung eines speziellen Begriffs.

Um dieses Problem zu umgehen, kannst du statt deines „harten“ Hauptkeywords auch viele weitere **„weiche“ Keywords in deinem Text verarbeiten.** Das sind zB. kleine **Veränderungen in Geschlecht, Zeit oder Zahl, sowie Synonyme** deines Schlüsselworts. Der Algorithmus von Google ist in den letzten Jahren sehr „intelligent“ geworden und hat viel dazugelernt, um heute in der Lage zu sein zahlreiche Wortvariationen und eben auch Synonyme korrekt zuordnen zu können.

Ein kleines Beispiel: *So erkennt Google eine Seite optimiert auf das Keyword „Allwetterreifen“ auch für den Begriff „Ganzjahresreifen“ für relevant und listet die Seite weit vorne. Das erleichtert es uns als*

Webseitenbetreibern deutlich, vernünftige und lesbare Texte für Menschen zu schreiben und uns nicht in lästiger Überoptimierung auf ein Keyword verlieren zu müssen.

Wähle den Namen deiner Domain sorgfältig

Es ist durchaus wichtig, dass der Domainname deiner Seite auch etwas mit dem Thema dieser zu tun hat. Am besten ist der Titel der Seite identisch mit der Domain. So können die Leute sich besser erinnern und deine Seite einfacher wiederfinden und noch einmal besuchen. Nimm dir also für die Wahl des Namens deiner Domain genügend Zeit und überprüfe Ihre Verfügbarkeit auf Seiten wie www.united-domains.com .

Leicht zu merkender Domainname

Wenn es darum geht einen Domainnamen zu wählen, sollte dieser so einfach zu merken sein wie nur möglich. Deine Domain sollte also nach Möglichkeit **kurz und prägnant** sein und keine Fantasiewörter enthalten, dessen Sinn sich nur Insidern erschließt. Ausnahmen bilden da Webseiten für Unternehmen, die an wirklicher Markenbildung interessiert sind. Markennamen unterliegen natürlich keiner kreativen Richtlinie, doch Markenbildung ist nun mal auch ein langwieriger Prozess. Wenn deine Domain kurz ist und die Aufmerksamkeit der Leute erreicht, werden Besucher auch keine Probleme damit habe sich an deine Seite zu erinnern, Sie wieder zu besuchen oder die Domain weiterzugeben.

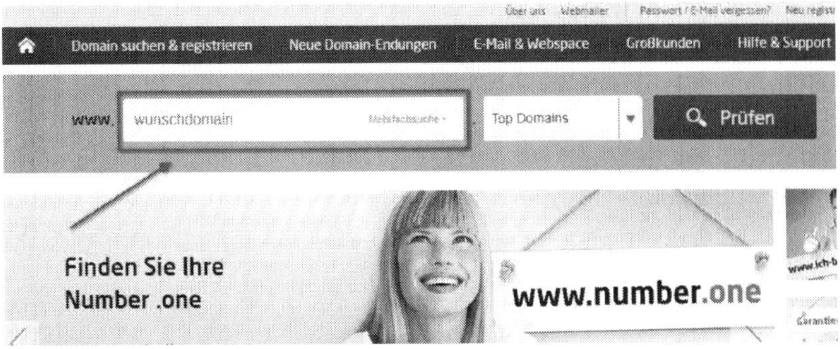

Einzigartige und fesselnde Inhalte

Einzigartige und fesselnde Inhalte sind der Grundstock guter Suchmaschinenoptimierung. Ohne Content, ohne guten Content geht in dieser Hinsicht wirklich nichts mehr heutzutage. Sicher sollte es alleine schon ein Grundbedürfnis und selbstverständlich sein, dem Besucher hilfreichen Inhalt zu präsentieren, doch auch abseits solch edler Absichten bewirkt **Content mit Mehrwert so einiges.** Gute, auf deine Zielgruppe abgestimmte Inhalte werden dafür sorgen, dass sich die *Verweildauer* der Besucher auf deiner Seite erhöht, mehr *Interaktionen* durchgeführt werden, wie Kommentare oder auch Social Shares. Es ist die einfachste Möglichkeit ohne Schummeln auf die relevanten *Keywords zu optimieren* und andere Webmaster zu einer *Verlinkung* zu bewegen (mehr organische Backlinks). Außerdem **erhöhen hochwertige und passende Inhalte die *Conversion*** auf deiner Webseite enorm. Und am Ende wirst du doch – davon geh ich einfach mal aus – deine Website betreiben, um irgendetwas zu verkaufen, ob eigene Produkte, eine Dienstleistung oder Affiliate-Angebote. An seinen Inhalten zu sparen, macht also wirklich überhaupt keinen Sinn. Man ist vielleicht schnell fertig, verbaut sich jedoch auf lange Zeit in verschiedenen

Richtungen den Weg.

Mehr Inhalte veröffentlichen

Denk daran, dass du, damit Menschen deine Produkte kaufen oder sich für eines deiner Angebote eintragen, diese überzeugen musst. Um Menschen von einem Angebot zu überzeugen und zum Kauf zu bewegen, bedarf es in den meisten Fällen mehrerer Anläufe. Das heißt, dein Besucher muss und sollte deine Seite wieder und wieder, also mehr als einmal, besuchen. Damit ein Interessent deine Website aber wieder besucht, musst du ihm auch einen Grund dazu geben – und einer dieser Gründe ist **frischer und aktueller Inhalt**, den du zur Verfügung stellst. Wenn du also einmal einen Grundstock an Content aufgebaut hast, welcher dich, deine Firma und dein Angebot ausreichend beschreibt, fülle deine Seite mit **weiteren für den User relevanten Inhalten, in Form von Blogartikeln** beispielsweise. Auf diese Weise gibt es einen guten Grund für Interessenten zurückzukommen und du hast die Chance das Vertrauen aufzubauen, das aus einem Interessenten am Ende einen Kunden macht.

Auffindbarkeit überprüfen

Damit deine Website von den Suchmaschinen überhaupt gefunden werden kann, musst du unbedingt ganz am Anfang sicherstellen, dass deine Seite auch „crawlbar“ ist. Google und Co. senden regelmäßig Ihre Robots, die sogenannten Crawler aus, um das Web nach neuen Inhalten zu durchsuchen. Nun ist es aber auch möglich, als Seitenbetreiber den Suchmaschinen die Anweisung zu geben, die eigene Seite nicht in den Index aufnehmen zu dürfen. Dies kann händisch über die robots.txt geschehen oder bei Wordpress unter „Einstellungen“, durch das setzen eines kleinen Häkchens. Eine solche Einstellung macht in einigen Fällen Sinn, wenn der Aufbau einer Seite einiges an Zeit dauern wird und der Betreiber unfertige Seiten, oder versehentlich veröffentlichte Entwürfe nicht in den Suchmaschinen sehen möchte.

Doch nicht selten passiert es im Anschluss auch, dass vergessen wird diese Blockade für die Suchmaschinen wieder zu entfernen. Damit raubt man sich natürlich selbst, auf eine wirkliche blöde Weise, die Chance überhaupt von Google und anderen Suchmaschinen wahrgenommen zu werden. **Stelle also in jedem Fall immer sicher**, dass deine **Webseite** mit all seinen Unterseiten **für die Crawler von Google und Co. auffindbar ist.**

Die Wichtigkeit von Traffic

SEO oder Suchmaschinenoptimierung ist eine Methode um ein höheres Traffic-Aufkommen auf einer Webseite zu erreichen. Ohne eine ausreichend hohe Anzahl von Menschen, die deine Seite besuchen, ist es logischerweise schwer mit einer Seite auch Kunden zu erreichen. Als erstes muss man sich also über die Wichtigkeit von Traffic auf der eigenen Seite bewusst werden, um sich anschließend in die Lage zu versetzen die richtigen Schritte zur Suchmaschinenoptimierung zu machen und seine Ziele zu erreichen.

Lerne mehr über SEO

Suchmaschinenoptimierung ist ein Prozess, welcher stetig überwacht und fortgesetzt werden muss. Nicht zuletzt auch deshalb, weil Google immer neue Updates seiner Algorithmen herausbringt, welche das Wettbewerberfeld in einigen Fällen ordentlich durcheinander wirbeln können. **Lerne daher so viel über SEO wie du nur kannst.** Kaufe dir die aktuellsten Wälzer als großes Nachschlagewerk und **abonniere vor allem die vielen SEO-Blogs** im Internet. Am schnellsten reagiert immer noch die Bloggerszene auf Veränderungen im SEO-Bereich. Und wer schnell sein will, der sollte diese Quellen anzapfen. Die meisten dieser Blogs kannst du dir einfach per RSS abonnieren und mit einer APP wie Feedly, mit deinem Handy abends auf dem Sofa konsumieren.

Standardwerk: http://www.amazon.de/Suchmaschinen-Optimierung-umfassende-SEO-Standardwerk-deutschsprachigen-Offpage-Optimierung/dp/3836238799/

SEO-Blogs: http://www.seo-united.de/blog/
http://www.tagseoblog.de/
http://www.seo-trainee.de/
http://www.seokratie.de/blog/

Schreibe über Aktuelles

Aktuelle Inhalte zu veröffentlichen hat mehrere Vorteile. Erstens ist es das Wesen eines Blogs, den du vielleicht führen wirst, stets neue Inhalte mit Zeitbezug zu veröffentlichen, zweitens **wertet Google die Dynamik** und die **Aktualität einer Website stark** und je mehr

Aktivität, desto besser und drittens sind aktuelle Inhalte immer von besonderem Interesse für den User im Internet. Verteilst du aktuelle Beiträge im Internet, erhöht das die Chance, dass die geteilt werden enorm und damit auch die Chance auf eine organische wachsende Backlinkstruktur für deine Seite.

W-Fragen finden und beantworten

Um noch mehr Möglichkeiten zu erhalten über suchmaschinenoptimierte Texte Besucher zu erhalten, solltest du zu deinem jeweiligen Thema nach sogenannten **W-Fragen** Ausschau halten. Viele Menschen googlen nicht nur nach einem kurzen und prägnanten Keyword, sondern geben **ganze Fragestellungen** in die Suchleiste ein. Diese Fragen beginnen meistens mit den bekannten W-Wörtern wie **Was, Wo, Wer, Wie, Warum** usw. Suche dir Fragestellungen heraus, nach denen in einer gewissen Häufigkeit gesucht wird und schreibe einen Beitrag dazu. Zu einem Longtail Keyword, wenn man so möchte, wie es eine solche Frage ist, wird es nur noch sehr wenige, in vielen Fällen überhaupt keine Seiten geben, die genau drauf optimiert sind. Kleinvieh macht auch Mist, also suche dir **20 solcher Fragen** zum deinem Thema heraus **und schreibe einen optimierten Artikel.** Schnell wirst du neue Besucher über zusätzlich sehr relevanten Inhalt generieren.

W-Fragen-Tool: http://www.w-fragen-tool.com/

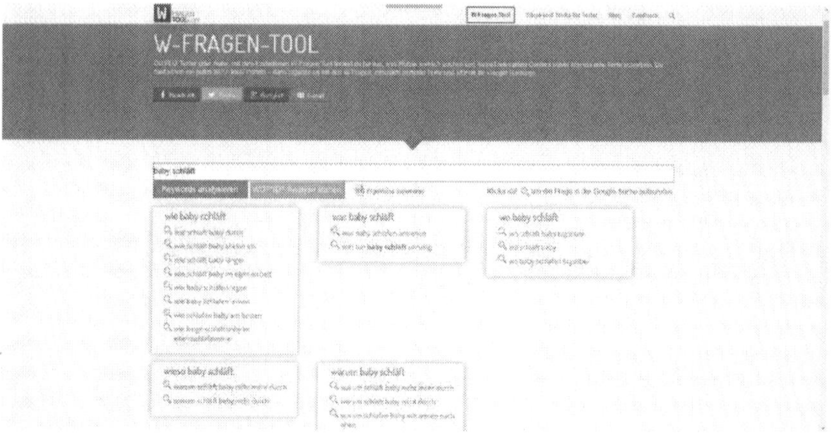

Alte URLs auf neue umleiten

Hin und wieder kommt es vor, dass Seiten einer **Website nicht mehr existieren** und unter der **alten URL nicht mehr aufrufbar** sind. Sind viele Unterseiten einer Website im Google-Index nicht mehr erreichbar, ist das erst mal ein eher weniger gutes Zeichen, macht also keinen guten Eindruck bei Google, denn es sieht so aus, als würde diese Seite nicht richtig überwacht und gepflegt. Der zweite Nachteil von nicht erreichbaren URLs ist der Verlust von Besuchern. Deine Seiten sind in der Suchmaschine indexiert und werden auch noch gefunden. Klickt ein Besucher auf eine nicht mehr existente Seite, landet er im Nichts, bzw. auf einer 404-Error-Seite und wird deine Website sofort wieder verlassen. **Überprüfe also regelmäßig nicht mehr existente Seiten-URLs** und **leite diese mit einer 301-Weiterleitung** auf die Startseite deiner Website um. Besucher werden damit nicht sofort vergrault und Google wird die alten URLs mit der Zeit einfach aus dem Index entfernen.

Externe Links auf „nofollow“

Setze ausgehende Links auf deiner Seite auf „nofollow“. Das Attribut „nofollow“ sorgt dafür, dass Google die Seiten hinter den Links zwar registriert, jedoch keine Linkkraft (Link-Juice) von deiner Seite an verlinkte Seiten überträgt. Der Link-Juice der eigenen Seite sollte wohl dosiert abgegeben werden und keinesfalls an x-beliebige Links verschwendet werden.

Der Inhalt deiner Website

Um täglich mehr Besucher auf deiner Seite verbuchen zu können, musst du diese mit qualitativ hochwertigem Inhalt füllen. Je exklusiver und nützlicher deine Inhalte desto besser – gib dir also Mühe bei der Erstellung deiner Texte und fange am besten noch heute damit an, **Beiträge mit Mehrwert zu schreiben** und zu veröffentlichen. Was die Leute gerne lesen, werden sie auch freiwillig teilen, verlinken und dir damit eine hohe Reichweite, sowie wichtige Off-Page-Signale für dein Ranking liefern.

Individuelle Meta-Beschreibungen

So wie du für jede deiner Seiten einen passenden Title vergeben solltest, solltest du auch nicht vergessen eine **individuelle Meta-Beschreibung** zu verfassen. Diese Beschreibung sollte in rund 160 Zeichen auf den Punkt bringen, welche Informationen auf dieser Unterseite zu finden sind. Auch hier ist es durchaus von Vorteil die entsprechenden **Keywords ein, zwei Mal zu verwenden**, auch wenn die Meta-Beschreibung kein direkter SEO-Faktor mehr ist, für die Algorithmen von Google und Co. Dennoch sieht der Suchende bei Google diese Beschreibung direkt unter dem Titel deiner Seite. Mit einer interessanten, relevanten Beschreibung kannst du also durchaus dafür sorgen, dass sich mehr User dafür entscheiden auch auf deinen Link in den SERPs zu klicken.

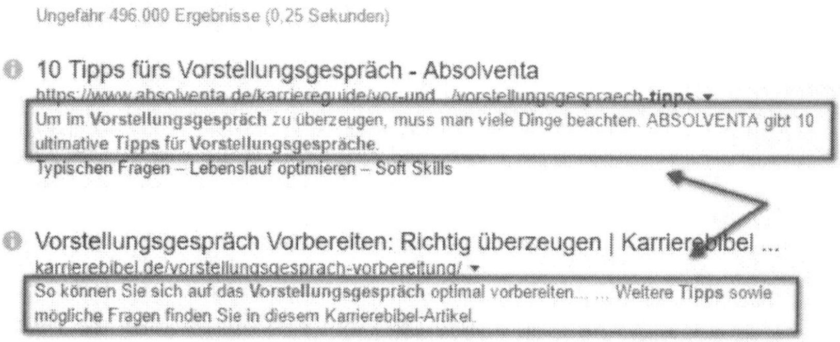

Dateigröße von Bildern

Die Ladegeschwindigkeit einer Website ist heute mehr denn je ein wichtiger Ranking-Faktor. Um die Ladegeschwindigkeit deiner Seite zu erhöhen, sollte der erste Schritt sein, die Dateigröße der eingebauten Bilder zu verringern. Es ist völlig unnötig und auch absolut kontraproduktiv extrem hochauflösende Bilder, mit einer Dateigröße von mehreren Megabytes, in deine Seite zu laden. Mache dir also vorher Gedanken darum, in welcher Größe deine Bilder in Zukunft überhaupt auf deiner Website dargestellt werden sollen und **verkleinere die Auflösung mit Hilfe eines Bildbearbeitungsprogramms** entsprechend. Wenn du das Bild nun speicherst, kannst du in den meisten Fällen auch noch einen **Komprimierungsgrad** einstellen. 60-70% sind hier meistens völlig ausreichend für die Darstellung im Web. Durch diese Arbeit wird sich die **Dateigröße deiner Bilder schnell auf nur 10%** des ursprünglichen Wertes verringern lassen. Im gleichen Verhältnis wird sich dann auch die Ladezeit deiner Website verbessern.

Online-Tool für Komprimierung: https://tinypng.com

ALT-Attribut verwenden

Neben Textinhalten können und sollten auch Bilder On-Page optimiert werden. In diesem Zusammenhand solltest du daran denken zu jedem Bild, das du in deine Seite einbaust, ein sogenanntes **ALT-Attribut** zu vergeben. Dort sollte eine ganz kurze **Beschreibung, inklusive Keyword stehen, welche das Bild beschreibt.** Das ist wichtig, da Google sich Bilder auf Webseiten natürlich nicht anschauen kann, wie das eine Person, sondern sämtliche Inhalte nur als Text/Code analysieren kann. Google registriert zwar den Einsatz von Bildern, kann den Inhalt jedoch nicht erkennen, ohne eine Beschreibung in Textform. Und genau dafür ist das ALT-Attribut da – und das **sollte unbedingt genutzt werden.**

H-Überschriften richtig einsetzen

Achte bei der Strukturierung deiner Inhalte drauf die **H-Überschriften SEO-konform einzusetzen.** Insgesamt gibt es 6 H-Überschriften, von denen die H1-Überschrift die höchste Wertigkeit hat und die H6-Überschrift entsprechend die niedrigste. Der Google-Algorithmus gibt diesen **Überschriften eine hohe Gewichtung,** scannt sie auf jeder Seite und freut sich, wenn das Thema der Website in diesen Überschriften deutlich wird.

Es empfiehlt sich also auch in den H-Überschriften dosiert Keywords einzusetzen. Zusätzlich solltest du darauf achten, den **H1-Tag nur einmal** auf jeder Unterseite zu verwenden. Je nach Länge des Textes kann H2 auch mehr als zweimal auftauchen und H3 und Folgende sogar noch häufiger. Die Hierarchie sieht also folgendermaßen aus: **H1 – H2 – H3 – H3 – H4 – H4 – H4 – H2 – H3 – H3 – H4 – H4 – H4** und generell gilt: Je größer die Zahl des H-Tags, desto öfter kann diese auch verwendet werden.

Listen oder Aufzählungen

Google sieht es gerne, wenn **Inhalte, Texte abwechslungsreich gestaltet** werden, da man davon ausgehen kann, dass solche Inhalte auch für den User einen Mehrwert haben. Dazu gehören neben Bildern auch Listen oder Aufzählungen. Listen oder Aufzählungen sind **schön übersichtlich und bringen Inhalte schnell auf den Punkt,** so wie es die meisten Leser gerne sehen. Dabei sieht es Google außerdem gerne, wenn es in solchen Aufzählungen auch das eine oder andere Keyword bzw. entsprechende Synonym entdecken kann. Wenn du also längere Texte schreibst, mach dir die Mühe und baue eine kurze Auflistung mit Keywords ein, beispielsweise als Fazit deiner Ausführungen im Artikel.

Mit „www." oder ohne www.

Achte beim Aufbau deiner Seite unbedingt darauf, dass diese **nur unter einer Adresse im Internet erreichbar** ist. Mit Adresse ist hier die exakte Domain gemeint. Natürlich hast du nur eine Domain unter der deine Seite läuft, denkst du jetzt vielleicht, doch für Google sind beispielsweise **www**.*meineseite.de* und *meineseite.de* zwei unterschiedliche Adressen. Ist deine Website unter beiden Eingaben aufrufbar, dann existiert sie quasi zweimal und wird von Google als **Duplicate Content** gewertet. Doppelter Inhalt ist gar nicht gern gesehen und kann zu Abstrafungen und damit schlechten Rankings führen.

Keyword-Dichte

Dass der Einsatz des persönlich gewählten Keywords auf der jeweiligen Seite elementar ist für eine vernünftige On-Page-Optimierung, habe ich bereits erwähnt. Beim Einsatz von Keywords im Text ist aber weitergehend zu beachten wie oft ein Schüsselwort in einem Text auftaucht, spricht welche Keyword-Dichte dieser Text hat. Die Keyword-Dichte wird in Prozent angegeben und sagt folglich aus, **wie oft ein Keyword in einem Text von 100 Wörtern** verwendet wird. Eine Keyword-Dichte von 6% bedeutet also ganz einfach, dass dein Schlüsselwort genau 6 Mal in 100 Wörtern vorkommt (im Schnitt des gesamten Inhaltes einer Unterseite). Bei der Optimierung auf ein Keyword ist unbedingt darauf zu achten, dass die **Keyword-Dichte nicht zu hoch** ist. Eine zu hohe Dichte eines Keywords kann auf Google schnell den Eindruck machen, dass die Anzahl der Keywords mit Absicht künstlich hochgetrieben wurde, um den Algorithmus zu beeindrucken. Die **Überoptimierung** von Texten beäugt Google äußerst kritisch und wird sich im Zweifel dafür entscheiden, dass diese Inhalte unnatürlich daherkommen (aufgrund des sehr hohen Keyword-Aufkommens) und ein Spitzenranking verwehren.

Genauso fatal wäre es allerdings auch, wenn du aufgrund dieses Umstandes die Verwendung deines Keywords so weit einschränken würdest, dass auch für die Google Robots kaum noch zu erkennen ist, dass es sich auf deiner Seite um eben dieses Schlüsselwort drehen soll. Wie du siehst kommt es hier auf **eine gute Balance** an, um Google auf der einen Seite genügend Anhaltspunkte zu geben, dass deine Seite für dieses Keyword relevant ist und auf der anderen Seite es nicht soweit überzustrapazieren, dass Google davon ausgeht deine Texte als unnatürlich und überoptimiert einordnet. Ein Richtwert für gut optimierte Texte ist eine **Keyword-Dichte von 2-4%.**

Die Wichtigkeit des ersten Absatzes

Besonderen Wert bei der On-Page-Optimierung legt Google außerdem auf den ersten Absatz deiner Seite. Dieser sollte sehr genau auf die Bedürfnisse von Google abgestimmt sein. Dazu gehört zum Beispiel, dass du **in den ersten 100 Wörtern** oder am besten noch deutlich früher **dein Keyword einmal oder mehrmals verwendest.** In Verbindung mit einer guten H1-Überschrift wird das eindeutige Signale setzen. Google möchte so schnell wie möglich erkennen können, worum es auf einer Seite geht und wenn man das auf deiner Seite kann, dann ist das ein guter Schritt in Richtung TopRanking.

Keyword-Phrasen oder Longtail-Keywords

Inwieweit eine Chance besteht zu einem Keyword in den SERPs von Google und Co. ganz oben zu ranken, hängt natürlich neben der eigenen Optimierung auch davon ab, wie gut andere Seite optimiert sind – also die Konkurrenz. Bei vielen Keywords mit hohem Suchvolumen, vor allem in den großen sehr lukrativen Märkten, kann es da für kleine Seiten nahezu unmöglich werden in den organischen Ergebnissen, in absehbarer Zeit, nach oben zu kommen. Doch statt dich abzurackern und gegen die „Goliaths" der Branche zu kämpfen, könntest du dein Augenmerk auf **Keywords** lenken, die bei Weitem **nicht so hart umkämpft** sind. Man spricht hier weniger von Keywords als von Phrasen, oder auch Longtail-Keywords.

Solche Keyword-Phrasen haben sicherlich nicht annähernd so hohe Suchvolumina wie die starken „Money Keywords", sondern werden wahrscheinlich nur **ein paar hundert Mal im Monat** gesucht. Doch genau das ist auch der Grund, warum solche Keywords so attraktiv für dich sein können. Die großen Spieler im Markt haben überhaupt kein Interesse an solchen Suchphrasen, da Sie sowieso bei den „dicken Fischen“ ganz vorne mitspielen. Für dich als kleinerer Webseitenbetreiber, ist das Ganze jedoch sehr wohl lukrativ. Da du mit der **Optimierung auf ein solches Longtail-Keyword** relativ leicht auf den ersten Plätzen bei Google ranken kannst (aufgrund der geringen Konkurrenz), ist es wohl **besser 80% von 300 Besuchern** abzubekommen, als gar nichts von einem riesigen Kuchen mit 10.000 Suchenden. *Statt zu einem Keyword wie „Versicherung“ könntest du also eine Seite auf das Longtail-Keyword „Versicherung für Studenten Vergleich“ optimieren.*

Nun gibt es natürlich nicht nur ein Longtail-Keyword, sondern in dem meisten Themengebieten zig davon. Schreibst du zu jedem dieser Suchphrasen nun einen Artikel auf deinem Blog beispielsweise, wirst du sehr schnell den Traffic dieser Keywords abgreifen. **15 Beiträge zu kleinen Keywords mit 200-300 Suchanfragen** machen eben auch 3000 – 4500 potenzielle Besucher, nur mit **viel weniger lästiger Konkurrenz** im Nacken und einer deutlich besseren Chance diese Besucher abzugreifen.

Werbung und „above the fold“

Da Google Wert darauf legt, gute Inhalte für die Suchenden zu präsentieren, sollte man mit **offensichtlicher Werbung** auf seiner Seite auch **eher zurückhaltend** sein. Dass man mit einer „Banner Farm“ heute überhaupt gar keinen Versuch im Internet mehr starten muss, das wird wohl jeden bewusst sein, dennoch sollte man auch beim moderaten und natürlich legitimen Einsatz von Werbung etwas beachten.

Was die Suchmaschinenoptimierung einer Seite angeht, solltest du darauf achten, **keine Werbebanner *„above the fold“*** einzubinden – beispielsweise im Header oder auch ganz oben in der Sidebar. *„Above the fold“* bedeutet wörtlich übersetzt „über der Falz/dem Knick“. Die Falz ist der Punkt einer Seite, an dem weitere Inhalte der Seite nur durch herunterscrollen sichtbar werden. Einem Leser sollen eben so viele hochwertige Inhalte wie möglich dargestellt werden, ohne ihn direkt mit Werbung zu konfrontieren. Das ist für Google ein Zeichen, dass eine Seite den **Fokus auf Inhalt und nicht auf dem reinen Verkauf** hat und kann zu einer besseren Einstufung gegenüber einer Konkurrenzseite führen, die diesen Punkt nicht beachtet.

Interne Verlinkung

Verlinke die Inhalte deiner Seite auf deiner Seite miteinander. Auf der einen Seite vernetzt du damit sämtliche Inhalte deiner Website miteinander und Google kann diese **besser einordnen und vollständig indexieren**, und zweitens kannst du mit Verlinkungen von deiner eigenen Seite auf einen anderen Teil deiner Seite den Crawlern mitteilen, **welcher Teil** (welche Unterseiten zB.) deiner Website **besondere Wichtigkeit** hat. Zusätzlich zu der direkten SEO-Optimierung, kannst du mit einer cleveren internen Verlinkung dafür sorgen, dass der einzelne Besucher **mehrere Seiten** deiner Website durchsurft und **mehr Zeit auf deiner Seite verbringt.** Das ist ein sehr wesentlicher Punkt, da Google die Verweildauer der User auf einer Website als starken Indikator dafür ansieht, wie gut oder relevant eine Seite zum einem Thema ist.

Keywords Fett oder Kursiv auszeichnen

Nutze die Auszeichnungsmöglichkeiten des Editors in deinen Texten. Die Standardfunktionen wie **„fett markieren“** oder **„kursiv auszeichnen“** sind dabei völlig ausreichend, und von den Suchrobotern gern gesehen. Die Crawler der Suchmaschinen legen ein erhöhtes Augenmerk auf Wörter oder Textabschnitte, welche kursiv oder fett markiert sind. Mit solchen Auszeichnungen kannst du der Suchmaschine außerdem mitteilen, welche Wörter oder Textabschnitte in deinem Artikel besonders wichtig sind. Aus diesem Grund solltest du auch dein **Hauptkeyword einige Male** im Text **fett markieren.**

Off-Page-Optimierung

Baue Backlinks auf

Off-Page Optimierung besteht zum größten Teil aus dem Aufbau von Backlinks. Backlinks sind **Links** die **von anderen Webseiten** auf die eigene führen und wichtig für das Ranking einer Website. Ein solcher Link ist für Google immer das Zeichen, dass andere die Inhalte deiner Website für wichtig oder themenspezifisch relevant halten und eben deshalb darauf verlinken. Ein Backlink ist also in den Augen von Google **eine Empfehlung Dritter für deine Seite.** Je mehr solcher Empfehlungen eine Seite bekommt desto höher in der Regel auch die Reputation bei Google.
Im besten Fall sind deine Inhalte so gut, dass Sie sich viral verbreiten und auch andere Webmaster von ganz alleine auf deine Seite verlinken. Da man sich darauf nicht immer verlassen kann oder auch nicht möchte, gibt es die Möglichkeit den Backlinkaufbau selbst ein bisschen anzuschieben. Das heißt, du machst dich **aktiv auf die Suche nach Seiten** im Internet, **auf denen** du deinen **Link hinterlassen** kannst. Auch so baut man Schritt für Schritt eine Backlinkstruktur auf, die in Verbindung mit dem einen oder anderen organischen Link für das Ranking bei Google ein ausschlaggebender Faktor sein kann.

Suche deine Top-Konkurrenten heraus

Um an der eigenen Konkurrenz vorbeiziehen oder mindestens gleichziehen zu können, muss man diese natürlich überhaupt erst einmal kennen. Um das zu erreichen, solltest du eine Recherche starten. Identifiziere deine **direkten Mitbewerber** also, versuche herauszufinden welche **SEO-Strategien sie benutzen** und überlege, welche dieser Techniken du auch auf deiner Seite einsetzen kannst. Dich zuerst an deiner Konkurrenz zu orientieren und deren Vorgehensweise zu imitieren, macht wirklich Sinn und kann dir eine Menge Kopfschmerzen und Zeit sparen. Wenn du **das gleiche tust, wie deine Konkurrenz**, wirst du auch schnell mit deiner Seite **gleichziehen**. Und erst an diesem Punkt musst du dann weiterdenken, mit welchen Mitteln du einen Ticken besser sein kannst als dein Mitbewerber.

Langsamer Backlinkaufbau

Wenn du dich daran begibst Backlinks für deine Seite aufzubauen, dann solltest du unbedingt darauf achten in welcher Geschwindigkeit du neue Links setzt. Zu **schneller Aufbau von Backlinks sieht schnell unnatürlich aus** und wird von Google womöglich als unecht oder manipuliert angesehen. Versuche daher das Wachstum deiner Backlinks in dem Sinne natürlich aussehen zu lassen, als dass du nicht zu viele Links in einem zu kurzen Zeitraum setzt. Ich empfehle **nicht mehr als 5 Links an einem Tag** zu setzen. Zusätzlich soll das aber auch nicht bedeuten, dass du jeden Tag exakt 5 Links setzt. Auch das sieht verständlicher Weise etwas seltsam, sprich künstlich, aus. Neben dem langsamen Aufbau deiner Links sollten diese auch **unregelmäßig gesetzt** werden. Wenn du also in unregelmäßigen Abständen, mal jeden zweiten, mal jeden dritten Tag zwei, drei oder auch mal 5 Backlinks setzt, solltest du auf der sicheren Seite sein.

Site Map anlegen

Um es Google leichter zu machen deine gesamte Website zu

indexieren und zu ranken, empfiehlt es sich **eine Site Map anzulegen**. So eine Site Map speichert deine Seitenstruktur, indem sämtliche Unterseiten semantisch und hierarchisch ausgelistet werden. Gespeichert wird die Site Map anschließend in einem XML-Dokument. Nun kannst du entweder warten, bis die Crawler von Google wieder deine Domain ansteuern und auf deine Site Map stoßen oder du reichst diese selbst bei Google ein. Besonders bei sehr umfangreichen Seiten, mit vielen hunderten und tausenden Verlinkungen, kann eine Site Map einen **Geschwindigkeitsvorteil bei** der Aufnahme **in den Google-Index** bringen.

Nachfrage recherchieren

Bevor du überhaupt damit anfängst eine Website zu einem bestimmten Thema oder auch einem speziellen Produkt zu launchen, solltest du dich vergewissern, ob es überhaupt eine ausreichend hohe Nachfrage gibt. Das geht relativ einfach, indem du das Suchvolumen spezieller, für dich relevanter, Keywords ermittelst und auswertest. Dafür gibt es einige Tools im Internet, einige kostenlos und andere kostenpflichtig. Für den Anfang und eine einfache **Recherche von Keywords und zugehörigen Suchvolumina,** kann ich dir den Keyword Planner von Google empfehlen. Dieser ist vollkommen kostenlos nutzbar.

Dazu rufst du folgende URL auf https://adwords.google.de/keywordplanner und meldest dich mit deinem Adwords-Konto an. Anschließend gibst du ein paar Keywords zu deinem Thema in das Feld **„Mit Hilfe einer Wortgruppe .... Nach neuen Keywords suchen“** und klickst weiter unten auf **„Ideen abrufen“.**
Nun werden dir unterschiedliche Anzeigengruppe angezeigt mit deinen Keywords und weiteren. Klicke auf eine der Keyword-

Gruppen, welche eines deiner Schlüsselwörter enthält und du erhältst eine detailliertere Aufschlüsselung der Daten für jedes Keyword. Auf dieser Seite kannst du nun sehr übersichtlich die **durchschnittlichen Anfragen pro Monat**, die **Suchvorgänge übers Jahr** verteilt, die Einschätzung des **Wettbewerbs bei Google Adwords** und den geschätzten Klickpreis für ein Keyword sehen. Mit diesen Daten hast du schon mal die wichtigsten Parameter an der Hand, um dein Thema und die entsprechenden Keywords auf Interesse zu prüfen.

Keyword Planner: https://adwords.google.de/keywordplanner

PPC-Traffic

Gute Rankings in den organischen Suchergebnissen aufzubauen dauert seine Zeit. Wer jedoch trotzdem mit seinem Angebot schnell prominent platziert werden und Besucher generieren möchte, der sollte sich **bezahlten Traffic**, sogenannten PPC-Traffic zu Nutze machen. Bei Google machst du das über den Dienst Google AdWords, indem du zu **Anzeigen zu** den von dir gewählten **Keywords schaltest.** Sobald deine Anzeige ausgespielt wird, erscheinst du je nach Gebot mindestens unter den Top 10 oder noch weiter oben. Dafür **zahlst du für jeden Klick eines Users** auf deine Werbeanzeige einen gewissen Betrag. Dieser kann je nach Branche und Keywords stark variieren und zwischen ein paar Cent und mehreren Euro liegen. In jedem Fall erhältst du für deine Seite mit bezahlten Anzeigen **sofort sehr zielgerichteten Traffic,** den du mit einer guten Seite schnell in Bares Geld (Kundschaft) konvertieren kannst.

Gastartikel

Gastartikel sind eine hervorragende Möglichkeit **Reichweite zu gewinnen** und an **neue Backlinks** zu kommen. Dazu schreibst du einfach passende Seiten, Themenblogs, Portale zu deinem Thema an und **bietest Ihnen an einen Gastartikel zu schreiben,** der dann auf Ihrer Seite veröffentlicht wird. Ein solcher Deal hat für beide Seiten Vorzüge, denn der Betreiber der betreffenden Website bekommt themenrelevanten Content kostenlos von dir zur Verfügung gestellt und du erhältst Zugang zur Leserschaft dieser Seite und einen Link auf deine Website. Die Qualität der Backlinks über Gastartikel ist häufig in den Augen der Suchmaschinen höher, da sie aus dem Text heraus verlinken und sich damit nahtlos in den Inhalt einfügen.

Kommentiere auf Blogs

Eine weitere Quelle, um Backlinks aufzubauen sind Blogs im Internet. Auf nahezu jedem Blog hat man die Möglichkeit **unter jedem Artikel einen Kommentar** abzugeben. Neben dem Feld für deinen Namen, deine E-Mail-Adresse und deinen Kommentar, gibt es auch immer ein Feld für deine Website. Hier kannst du die **URL deiner Seite eintragen**, welche dann bei Veröffentlichung über deinen Namen verlinkt wird. Mit einem freigeschalteten Kommentar auf dem Blog eines Dritten erhältst du so also einen Backlink. Damit dein Kommentar aber vom Betreiber eines Blogs überhaupt erst einmal freigeschaltet wird, solltest du dir schon die Mühe machen **etwas Sinnvolles zum Beitrag zu schreiben** und damit einen gewissen Mehrwert für den Blogbetreiber bieten.

Da die Kommentarlinks im Großteil aller Blogs auf „nofollow“ gestellt sind, ist der Effekt auf das Ranking bei Google **eher passiver Natur**, da keine Linkpower vererbt wird – trotzdem aber nicht irrelevant für ein natürliches Linkprofil. Wenn du aber unbedingt so schnell wie möglich auch den einen oder anderen „dofollow“-Backlink ergattern möchtest, kannst du dir im Internet Listen von sogenannten **„Dofollow-Blogs“** heraussuchen. Die Kommentarlinks dieser Blogs geben Linkpower weiter und können dein Backlinkprofil deutlich besser stärken, als es ein „nofollow“-Link tut.

Liste von DoFollow-Blogs: http://www.dofollowliste.info/

Engagiere dich in Foren

Foren sind ein sehr guter Ort, um kostenlos und schnell Backlinks auf die eigene Website zu bekommen. Foren gibt es im Internet en masse und zu nahezu jedem Themengebiet, das man sich vorstellen kann. Suche dir also einige Foren heraus, die sich mit dem Thema deiner Website befassen und melde dich dort ganz normal als User an. Da Foren keine Werbeflächen sein wollen, solltest du dich irgendwie „legitimieren“ und erst einmal vollkommen **uneigennützig einige Threads beantworten,** den Menschen die sich dort tummeln einfach weiterhelfen bei Ihren Fragen. Diese Vorleistung beruhigt auch die meisten Moderatoren, wenn es zum nächsten Schritt geht. Hast du nun nämlich einige Beiträge mit der einen oder anderen Hilfestellung im Forum gepostet, kannst du dazu übergehen dir den nächsten passenden Thread zu suchen und einen hilfreichen Post abzusetzen, **diesmal** aber **mit einem eigebundenen Link zu deiner Seite.**

Am besten noch einen Verweis dazu wie *„hier habe ich noch mehr dazu gefunden"* oder *„diese Seite geht sehr detailliert drauf ein"* animieren die Leser noch zusätzlich diesen Link zu besuchen. Auf jeden Fall hast du auf diese Weise einen weiteren Backlink auf deine Seite gesetzt, welcher zusätzlich aus einer **themenrelevanten Umgebung** kommt und damit noch ein Stück wertvoller für dein Ranking sein wird, als es das bei einem Link von einer themenfremden Seite oder irgendeiner Social-Media-Plattform der Fall ist. Wenn du einen Link aus diesem Forum ergattert hast, dann ist die Arbeit eigentlich schon getan und du kannst **das nächste Forum aufsuchen** und dort deinen Link in einem deiner Posts unterbringen.

Pressmitteilungen

Eine weitere Quelle für den einen oder anderen Backlink sind **Pressportale**. Wie der Name es schon erahnen lässt sind solche Portale dazu da, um Pressmitteilungen zu veröffentlichen und diese in die Welt hinauszusenden. Pressemitteilungen sind allerdings meistens nur für Unternehmen einer gewissen Größe hilfreich, weniger bis kaum jedoch für kleine Webseiten oder Einzelunternehmer. Für dich als Webseitenbetreiber geht es hier auch gar nicht darum die Öffentlichkeit über dein Business zu informieren, sondern **einen oder mehrere weitere Backlinks** für deine Seite **zu ergattern.** Such dir also eine Handvoll Portale aus (sehr viele sind komplett kostenlos) und platziere deine Pressemitteilung und **binde am Ende einen Link** zu deiner Website ein.

Kostenlose Presseportale: http://www.openpr.de/

http://www.firmenpresse.de/

http://www.online-artikel.de/

http://www.prcenter.de/

Alter der Domain

Das Alter einer Domain hat auch heute noch einen gewissen Einfluss auf die Wertung von Google, wenn es auch nicht immer nur das Alter an sich ist, sondern oft der damit einhergehende Trust der in der Vergangenheit aufgebaut wurde und der dem Domainnamen noch anhaftet. Eine frische Domain ist für Google erst mal ein völlig unbeschriebenes Blatt Papier, wo man quasi nie weiß, ob sie nicht morgen schon wieder verschwunden ist. Eine Domain, die schon über 10 Jahre hinweg besteht zeigt Google eine **gewisse Stabilität und Zuverlässigkeit** und genießt dadurch den einen oder anderen Vorzug im Ranking, gegenüber einer Domain, welche erst seit 1 Jahr im Netz ist. Trotz alledem, solltest du **diesen Faktor nicht überbewerten.** Denn mit einer inhaltlich relevanten und gut optimierten Seite lässt man auch ältere Domains schnell hinter sich.

Authority-Sites verlinken

Authority-Sites verlinken bedeutet, dass du von deiner Seite aus **auf eine große,** im besten Fall **themenrelevante**, **Website verlinkst,** die bei Google ein hohes Ansehen genießt. Eine solche Seite ist zB. **Wikipedia**. Du weißt schon, wie wichtig eingehende Links auf die eigene Seite sind (Backlinks), doch auch ausgehende Links – sofern es die „Richtigen“ sind – können ein positives Signal an

Google senden. Wenn du also aus einem deiner Texte auf einen passenden Artikel auf Wikipedia verlinkst, bietet das deinen Lesern einen Mehrwert, weil dort vielleicht die tiefere Erklärung eines Fachbegriffs zu finden ist. Die Bereitschaft auf diese Weise den Nutzen für den Leser zu erweitern **honoriert auch Google.**

Internetprofile

Der Aufbau von Backlinks ist nicht immer einfach. Doch für wenig stark umkämpfte Nischen reicht oft schon wenig aus, um es ganz nach oben in die Suchergebnisse zu schaffen. Eine gute Basis kann schon einmal damit geschaffen werden, **von allen Internetprofilen,** die man so hat, **auf die eigene Website zu verlinken**. Das sind beispielsweise *Facebook-Accounts, Twitter-Accounts, Pinterest und Instagram, Online-Branchenbücher, Kleinanzeigenmärkte* wie *Kalaydo* oder *Ebay-Kleinanzeigen* und ähnliches. In solchen Profilen kannst du ganz einfach einen Link zu deiner Website hinterlegen und damit die **erste „Empfehlungen" von außen** auf dein Backlink-Konto bekommen.

Soziale Netzwerke

Die sozialen Netzwerke haben das Internet stark verändert. Das besondere an solchen Plattformen ist, dass mit veröffentlichten Inhalten direkt interagiert werden kann. Die Distanz zwischen Websitebetreiber und der Zielgrupp ist also viel kürzer, als das außerhalb der Fall ist. Inhalte können **geteilt werden, geliked und kommentiert** werden. Alleine durch diese Möglichkeiten kann man schon auf den entsprechenden Plattformen eine Menge erreichen. Doch auch Google verschließt nicht die Augen davor, was außerhalb seines eigenen Gartens passiert. Auch wenn dieser Faktor keinen direkten und so starken Einfluss auf das Ranking hat, wie eine gute Keyword-Optimierung oder Backlinks, wertet Google solche Interaktionen als Social-Signal. Und **je mehr solcher Social-Signals** auf den verschiedenen Plattformen zu finden sind, **desto höher** auch **die Chance**, dass eine bestimmte Seite von Google und Co. als **relevant für die Zielgruppe** gewertet wird.

Verweildauer auf deiner Seite

Ein weiterer Faktor, den Google in seine Bewertung einer Seite für das Ranking einbezieht ist die **Verweildauer der User** – also die Zeit wie lange sich die Besucher im Schnitt auf deiner Seite aufhalten. Eine hohe Aufenthaltszeit spricht dafür, dass die Seite themenrelevante Informationen enthält und genau das liefert was der User gesucht hat. Es ist daher wichtig, dass du verstehst was deine Besucher am meisten interessiert und wie du diese länger auf deiner Seite halten kannst. **Hochwertige Inhalte, clevere interne Verlinkung und Videos**, die sich der Leser anschauen kann, sind einige Möglichkeiten die **Verweildauer auf deiner Seite zu erhöhen** und Google damit das Signal zu geben, dass die Inhalte deiner Seite besonders relevant für den Suchenden sind. Das Resultat werden bessere Rankings zu den entsprechenden Keywords sein.

SEO mit Videos

Die größte Suchmaschine ist Google, das ist wohl jedem klar. Was jedoch den wenigsten bekannt ist, ist dass sich die Videoplattform **YouTube** mittlerweile zur **zweitgrößten Suchmaschine** im Internet entwickelt hat. YouTube gehört zu Google selbst und Videoinhalte werden allgemein von Google als sehr relevant für verschiedenste Zielgruppen angesehen. So kommt es dazu, dass zu vielen Keywords bei Google **ganz oben Videos von** YouTube **angezeigt** werden, noch vor den am besten optimierten Webseiten zu diesem Thema. Das liegt daran, dass Google Videoinhalte Branchenübergreifend als sehr nützlich für den Suchenden ansieht und auf diese Weise den **größtmöglichen Mehrwert** versucht zu liefern. Und das bedeutet auf der anderen Seite für dich, dass du durch das Veröffentlichen eines Videos bei YouTube eine größere Chance hast, schneller mit deinen Inhalten ganz oben in den SERPs zu erscheinen.

Auch auf der Plattform YouTube selbst muss dazu sicher ein bisschen SEO betrieben werden – Doch diese Art der Suchmaschinenoptimierung beschränkt sich größtenteils auf Keywordoptimierung und nur sehr wenige Off-Page-Faktoren. Nutze also die Chance und **transformiere deine Textinhalte in** ein kurzes, aber Informatives **Video** und **lade es auf YouTube** hoch. Vergib einen passenden, auf dein **keyword-optimierten Titel** und optimiere den Rest deines Videos, wie den **Beschreibungstext und die Tags.** So wirst du nicht nur über YouTube selbst Traffic generieren, sondern eben auch in den Ergebnissen von Google auftauchen und dort sehr wahrscheinlich schneller ranken, als mit deiner eigentlichen Website.

Quadrocopter / Multicopter selber bauen-Tutorial Bauanleitung #02 ...

https://www.youtube.com/watch?v=Si6V0nPu820 ▾
04.09.2015 - Hochgeladen von BlizzzardCopter
Multicopter / **Quadrocopter selber bauen** (Drohne) - Bauanleitung & Tipps zum Aufbau - Zusammenbau ...

So kannst Du einen Quadrocopter selber bauen - YouTube

https://www.youtube.com/watch?v=iEdwsdP8Y0k ▾
20.11.2013 - Hochgeladen von Michael Hogen
Die Anleitung findet ihr auf: http://**quadrocopter**-bauanleitung.de.

Allgemeine SEO-Tipps

Niemals Black Hat SEO

Halte dich unbedingt fern von Black Hat SEO. Diese Methoden der „Suchmaschinenoptimierung“ sind wirklich total OUT, ver**schen den Besucher und werden von Google auch zum Großteil **sofort erkannt und abgestraft.** Die wenigsten werden wahrscheinlich daran gedacht haben, solche unehrlichen SEO-Mittel einzusetzen (was ja auch keinen Sinn macht, weil sie nicht mehr funktionieren), dennoch sehe ich immer noch Leute, die beispielsweise ganz unten auf Ihrer Seite ganze Blöcke von aneinander gereihten Keywords in Hintergrundfarbe eingefügt haben. Mit so etwas kann man wirklich absolut keinerlei Vorteil mehr gewinnen, im Gegenteil, solche Seiten werden **gnadenlos von Google downgerankt oder sogar ganz rausgeschmissen.**

Vor Ranking-Check aus Google ausloggen

Wenn du die Rankings deiner Seite oder auch die der Konkurrenz checken möchtest, dann solltest du daran denken dich vorher **aus deinem Google-Account auszuloggen.** In dem meisten Fällen ist man im Browser wohl automatisch in seinem Google-Account eingeloggt, was ja bei der alltäglichen Arbeit sehr nützlich ist. Bei der Ranking-Recherche auf gewisse Suchanfragen verfälscht man sich damit jedoch das Ergebnis. Damit Google uns die Suchergebnisse und damit das Ranking zu einem Keyword nicht anhand unseres **persönlichen Such- und Interessenprofils** ausspuckt, müssen wir uns aus unserem Konto abmelden. Erst dann bekommen wir ein objektives Ranking in den SERPs angezeigt. Wenn du es noch einfacher haben willst, dann öffne einfach parallel einen **Inkognito-Tab** in deinem Browser und schon kann es losgehen.

Lerne von der Konkurrenz

Konkurrenz ist immer etwas Unliebsames. Doch sie ist nun mal da und das lässt sich auch nicht ändern, also wäre es doch das klügste sich dieses vermeintliche Ärgernis in irgendeiner Art zu Nutze zu machen. Und genau das solltest du unbedingt im Bereich SEO machen, indem du dir die stärksten **Konkurrenzseiten heraussuchst,** ganz **genau untersuchst** und **VON IHNEN LERNST.** Hier darf dir auf keinen Fall falsche Stolz im Weg stehen, denn diese Seiten ranken nun mal ganz vorne bei Google und das bedeutet, dass diese Seiten einfach einiges richtig mache müssen, in den Augen der Suchmaschinen, und da willst du doch auch hin.

Die Rechnung ist im Grunde denkbar einfach. Schau dir deine Wettbewerber die die vordersten Plätze in dem SERPs belegen ganz genau an schreibe dir heraus, was du SEO-technisch auf diesen Seiten umgesetzt siehst und **baue es einfach stur nach.** Schau dir die *Verwendung der H-Tags an, die Keyword-Dichte im Text, die Länge der Inhalte, die Seitentitel usw.* und setze genau das auch auf deiner Seite um, bis deine Website in SEO-technischer Hinsicht exakt genauso gut aufgestellt ist. Um den letzten Schritt nun auch noch zu schaffen, nämlich dich selbst vor deine Konkurrenz zu schieben, musst schaust du dir an **was deine Mitbewerber NICHT umgesetzt** haben, wo Google jedoch Wert darauf legt. Und wenn es die **Alt-Beschreibung der Bilder** ist, der *Einsatz von Videos* oder die *Interne Verlinkung,* dann wirst du in eben diesen Punkten besser sein. Die Regel lautet also Recherchieren / Adaptieren / Kopieren und in einem oder zwei Punkten besser werden.

Lasse deine Seite testen

Je länger man sich auf ein und dem selben Themengebiet herumtreibt und je tiefer man einsteigt, desto größer wird das Risiko das Wesentliche aus dem Auge zu verlieren und die Dinge nur noch aus der eigenen Warte zu sehen. **Betriebsblindheit** nennt man das. Um das zu vermeiden solltest du deine Seite von Menschen **beurteilen lassen** die nichts mit deinem Unternehmen zu tun haben und dir ehrlich mitteilen, an welchen Stellen ein normaler Besucher irritiert wäre, genervt, verwirrt oder abgeschreckt und so weiter. Vielleicht fällt auf, dass du es mit den Keywords übertrieben hast und sich deine Texte unnatürlich anhören, oder du an einer wichtigen stelle versäumst den Besucher zum nächsten Schritt mitzunehmen, durch eine interne Verlinkung beispielsweise. Die **Einschätzung von Außenstehenden ist sehr wertvoll**, weil Sie in der Regel die deines durchschnittlichen, unbedarften Besuchers wiederspiegelt, und genau den musst du mit den Inhalten und der Gestaltung deiner Seite überzeugen.

Die Google Webmaster Tools

SEO, Ranking und alles was daran hängt ist ein **stetiger Prozess**, **dauert seine Zeit** und verändert sich regelmäßig wieder. Zu einer guten Suchmaschinenoptimierung gehört daher nicht zuletzt die **Überwachung des eigenen Rankings und Indexierung.** Mit einer Anmeldung bei den Google Webmaster Tools, hast du die

Möglichkeit sämtliche Rankings deiner Webseite bei Google einzusehen und zu überwachen. *„Zu welchen Keywords bist du auf einem guten Weg"* und *„bei welchen Suchanfragen sinkt dein Ranking in den letzten Wochen"*, sind Informationen die enorm wertvoll sind für einen Webseitenbetreiber und einfach da sein müssen, um schnell entsprechend reagieren zu können und gegenzusteuern. Neben dem Einblick in deine Rankings, liefert dir Google aber auch weiteren **Einblick in die Struktur und Gesundheit deiner Seite** und bietet dir zum Beispiel die Möglichkeit kaputte Seitenlinks umzuleiten oder aus dem Index löschen zu lassen, aber auch neue Seiten schneller indexieren zu lassen. Die Webmaster Tools sind also die direkteste Art deine Website in der Suchmaschine Google zu **überwachen, zu prüfen und zu steuern.**

Webmaster Tools: https://www.google.com/webmasters/

Fokus auf ein Projekt

Die Optimierung einer Website für die Suchmaschinen ist eine Arbeit die gewissenhaft gemacht werden muss. Tut man das nicht, führt das zu einem großen Zeitverlust, bis die angestrebten Rankings erreicht werden. Und was wohl jeder von uns will, ist so schnell wie möglich die oberen Positionen einzunehmen. Nimm dir daher **immer nur ein Projekt** vor, welches du nach allen Gesichtspunkten optimierst und erst wenn du bemerkst, dass die Rankings deiner Seite steigen, beginnst du mit SEO für eine weitere Website.

Da der SEO-Prozess tatsächlich wohl nie abgeschlossen sein wird, vor allem im Bereich Backlinkaufbau, kannst du mit einem neuen Projekt starten, **sobald** du die gesamte **On-Page-Optimierung** für eine Seite **erledigt** hast. Anschließend führst du eben stetigen Backlinkaufbau für die erste Seite und die On-Page-Optimierung für das neue Projekt parallel durch. Auf diese Weise kommst du bei der deutlich komplexeren On-Page-Optimierung deiner Seiten nicht durcheinander, da sich immer nur die Off-Page-Optimierung und die On-Page-Optimierung zweier Seiten überschneiden.

SEO Crashkurs

-

55 Powertipps für gute Suchmaschinenoptimierung und mehr Besucher über Google und Co.

Von Andreas Wieding

1. Auflage 2016

Herausgegeben von:

Yannick Twickler

Im Gillesbachtal 20

52066 Aachen

E-Mail: yannick.tw@web.de

22403131R00031

Printed in Poland
by Amazon Fulfillment
Poland Sp. z o.o., Wrocław